Patrona

GLORIA ROMO

WordPower Book Series - Edición Español

© Copyright 2022, Fig Factor Media, LLC.
Todos los derechos reservados.

Todos los derechos reservados. Ninguna parte de este libro puede ser reproducida por procedimientos mecánicos, fotográficos o electrónicos, ni puede ser almacenada en un sistema de recuperación, transmitida en cualquier forma o copiada de otra manera para uso público o privado sin el permiso escrito del propietario del copyright.

Se vende con el entendimiento de que el editor y los autores individuales no se dedican a la prestación de asesoramiento psicológico, legal, contable o de otro tipo profesional. El contenido y los puntos de vista de cada capítulo son la única expresión y opinión de su autor y no necesariamente las opiniones de Fig Factor Media, LLC.

Para más información, póngase en contacto con:

Fig Factor Media, LLC | www.figfactormedia.com

Diseño y maquetación de la portada por Juan Pablo Ruiz
Impreso en los Estados Unidos de América

ISBN: 978-1-957058-51-1
Library of Congress Control Number: 2022911977

DEDICATORIA

Dedico este libro a mi linaje, mis abuelas Gloria y Lupita y a todas las patronas del mundo.

AGRADECIMIENTOS

En el transcurso de mi vida, y al escribir este libro, siempre tengo presente a mi familia, a mis ancestros y a mis raíces. Agradezco a Dios por recordarme su valiosa presencia; de forma muy especial a mi esposo Aldwin, con quien he caminado la mitad de mi existencia siendo libre, más no solitaria.

Aprecio la inspiración que me brinda Jackie, por su energía inconmensurable que emana de su gentil corazón y su claridad MAGIX.

A mi sanadora, mentora y coach de vida Lucía Saldaña, por caminar conmigo espiritualmente y darme su mano cada día.

A Maricarmen por acompañarme en este proceso, sin descanso. Y a mi gran amigo Antoon, por estar siempre en la búsqueda de alternativas para mi bienestar.

INTRO

Definición. Patrón / Patrona: Nombre masculino y femenino.

1. Persona que emplea a los obreros en su propiedad o negocio, en especial en trabajos de tipo manual.

2. Jefe, respecto de sus empleados y trabajadores.

Ser Patrona es todo un estilo de vida. Es recibir con el corazón agradecido, la herencia divina de mis ancestros para hacer crecer los frutos de la tierra y así reconocer, valorar y honrar mi linaje ancestral. Es una oportunidad que recibí desde niña y continúa al día de hoy. Me permite establecer nuevas relaciones para crear negocios que beneficien e impacten a la sociedad.

Mi finalidad como Patrona es reconocer el valor de cada nueva idea, alinear la intención con la acción y elegir las opciones que mejor contribuyan a la sociedad.

Ser Patrona es reconocer que la unión hace la fuerza entre los socios, empleados y trabajadores. Te invito a leer estas líneas en donde desnudo mi corazón y mi alma para compartirlas contigo.

LA PATRONA Y LA COMUNIDAD

La Patrona está comprometida con su entorno, por eso siempre apoya cuando está en sus manos y a su alcance.

La Patrona se reconoce como agente de cambio, como una persona responsable de hacer que las cosas sucedan; y por supuesto, su entorno debe verse beneficiado con sus gestiones.

Como Patrona debo estar consciente de las necesidades de mi comunidad y del medio de vida de mis colaboradores, para que encuentren los recursos que les permitan evolucionar y construir el camino hacia la conquista de sus sueños.

Las necesidades son infinitas y los recursos limitados, sin embargo, la experiencia, la colaboración y la comunicación, permiten encontrar las alternativas para transformar la realidad.

Soy una Patrona sensible que conoce su entorno, porque a través de mis colaboradores percibo y entiendo la realidad.

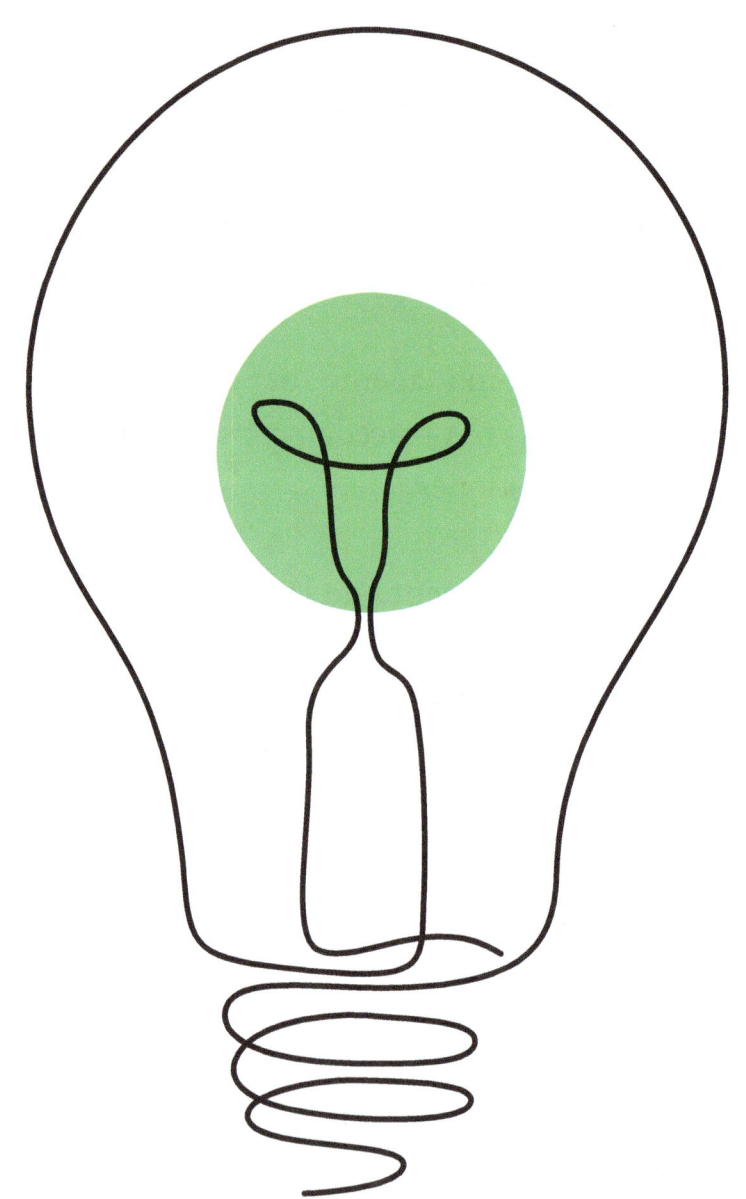

LA PATRONA Y EL TRABAJO

Toda Patrona tiene a alguien a quién dirigir y lo hace con un estilo propio.

Las Patronas saben mandar y organizar a la gente ya que tienen una visión amplia e integral para reconocer los talentos e impulsarlos. Eligen las mejores opciones y posiciones para cada persona. Reconocen el valor de las nuevas ideas para fortalecer a la organización.

Regalan una palabra de aliento, una mirada para empoderar a todo el que está a su paso, y al mismo tiempo reciben lo mejor de cada uno de sus colaboradores.

LA PATRONA Y LA EDUCACIÓN

La Patrona reconoce que el ser humano viene a este mundo a aprender, y está en sus facultades brindar a las personas el conocimiento, las habilidades y las técnicas; en ello radica la fuerza y la preservación de su soberanía, de su influencia y de su trascendencia.

La Patrona privilegia el desarrollo del individuo y respalda la educación sobre las necesidades a corto plazo. Además, apoya los esfuerzos colectivos que contribuyen a edificar a cada una de las personas, involucrándose en el diseño y evaluación de los planes académicos de las instituciones educativas que están vinculados con su actividad.

No estoy ajena a lo que sucede en la academia, participo en varias instituciones y asociaciones. Si mi conocimiento crece, puedo compartir más con mis colaboradores. Las Patronas formamos a nuestra gente y nos auxiliamos de otras fuentes, aún más allá de la organización.

LA PATRONA Y LA PAREJA

La Patrona cuida sus intereses. Es por eso que vivo, pienso, siento y actúo libre porque estoy alineada a una premisa de libertad plena basada en el amor y la confianza. El equilibrio y respeto que vivo con mi pareja, lo defino con la siguiente frase: "libres, más no solitarios".

Cuando la Patrona encuentra a su pareja, construye un círculo virtuoso porque al compartir sus capacidades se perfeccionan las virtudes de ambos y aumenta el deseo por desarrollar la mejor versión de cada parte.

Así lo he vivido desde que encontré a mi esposo, caminar juntos ha sido mucho más que sentirme acompañada; ha sido un beneficio a mi propio ser: como mujer, como profesionista y como ser humano.

El matrimonio me permitió consolidar una serie de realizaciones que han fructificado en muchos sentidos; tengo un aliado, un cómplice, el mejor espejo. Al unir los esfuerzos de ambos, hemos formado un equipo de alto rendimiento inigualable.

LA PATRONA Y LA PRODUCCIÓN

Toda Patrona representa la unión de negocios, empresas o emprendimientos; está en su naturaleza buscar el desarrollo de sus colaboradores y de sus familias.

Mas allá de una visión maternal, es la responsable de incidir en la construcción de una economía nacional más justa y generosa. Sin importar el tamaño de su empresa, se dedica a generar negocios y buscar su rentabilidad. Tiene un alto nivel de compromiso en producir un bien o dar un servicio.

Como Patrona, busco que mis empresas y proyectos se destaquen por ser incluyentes. Me preocupo por la capacitación constante de los equipos de trabajo, no sólo con un enfoque utilitario por el trabajo en sí mismo, sino por su desarrollo personal. Eso me representa y me distingue de otros patronazgos.

LA PATRONA EN LO DIVINO

Ser Patrona es escuchar la voz divina del Creador, con un corazón dispuesto y actitud de servicio.

El Creador me ayudó a dar luz a la sanadora que llevo dentro, aceptar el llamado y desde este arquetipo, abrir mi visión.

La Patrona confía en sí misma y en sus dones, se pone al servicio de su propio proceso de crecimiento. Se pregunta diariamente desde dónde surgen sus acciones: ¿desde la libertad o desde el compromiso consigo misma?

La invitación es vivir mucho más consciente, eso es lo que he elegido. Solo con la verdad. Estar en paz con lo que elijo. Homologar mis criterios y realizar un adendum a mi propio contrato de vida y servicio para los demás.

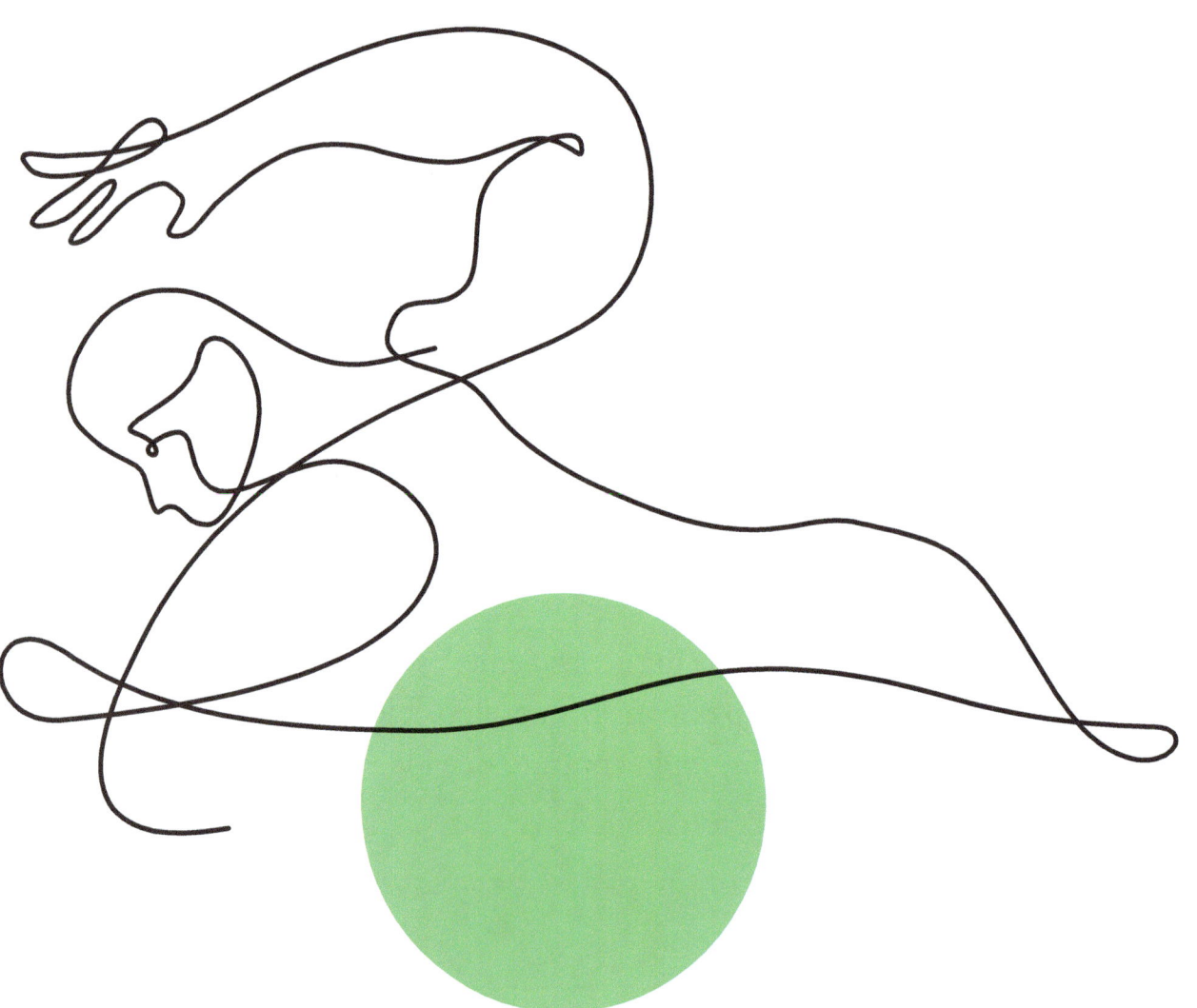

LA PATRONA EN LA ADVERSIDAD

Es mi deseo compartir una experiencia que impactó mi vida, en todos los sentidos. Me permitió aprender que cuando la vida te impone una situación en la que tienes que elegir la acción correcta, es necesario estar preparada en ese ESTILO DE VIDA y poner a trabajar las herramientas a tu alcance.

Era una tarde perfecta en compañía de entrañables amigas, disfrutando de un paseo por el mar para ver el atardecer. Sin previo plan alguno, se presentó la oportunidad de subirme a una moto acuática y la acepté.

Al subirme del yate a la moto acuática, las olas golpearon bruscamente y la moto se inclinó tanto que tuve que saltar al mar.

Quedé atrapada por debajo del yate y la moto. En ese momento, me percate que la corriente submarina me estaba arrastrando. En fracción de segundos, me vi obligada a salvar mi vida. El tiempo se colapsó, no sé cómo lo hice; pero en ese momento, analicé la situación y decidí moverme rápidamente de ese punto, nadar con toda mi fuerza para salir a flote. ¡Era nadar o morir!

El resultado de todo este esfuerzo bajo el mar, provocó una lesión de alto impacto en el tendón de Aquiles en mi pie derecho. Esa noche estaba en el hospital, recibiendo la primera de cuatro cirugías a las que he sido sometida en cuatro meses.

LA PATRONA Y SU CAMINO DE SANACIÓN

En base a lo que sucedió, deseo compartir un MANTRA muy antiguo que mi Coach me regaló, el cual venía ejercitando desde antes de que me ocurriera el suceso del mar.

Dicha idea, tiene cuatro puntos que te ayudan a visualizar y actuar ante cualquier circunstancia de la vida; porque los episodios, eventos o circunstancias no solo pasan en el mundo físico, sino también en el mundo emocional. Para mí representan las cuatro puertas que se abrieron como una fuente de sabiduría, abundancia y plenitud:

RESOLVER, DISOLVER, NEUTRALIZAR Y FORTALECER

Si te das cuenta, todas estas palabras que se han pronunciado representan conceptos positivos, altos, grandes, luminosos, florecientes y productivos; es decir, actúan en la expansión.

Estas cuatro palabras se fueron formando mientras estaba en el mar, representaron la combinación para abrir una gran bóveda, cuatro movimientos clave para salvar mi vida.

Una PATRONA también necesita tener en su acervo las combinaciones de las cajas de seguridad que disponga. Espero que tú tengas las tuyas, para utilizarlas en los momentos que se requiera.

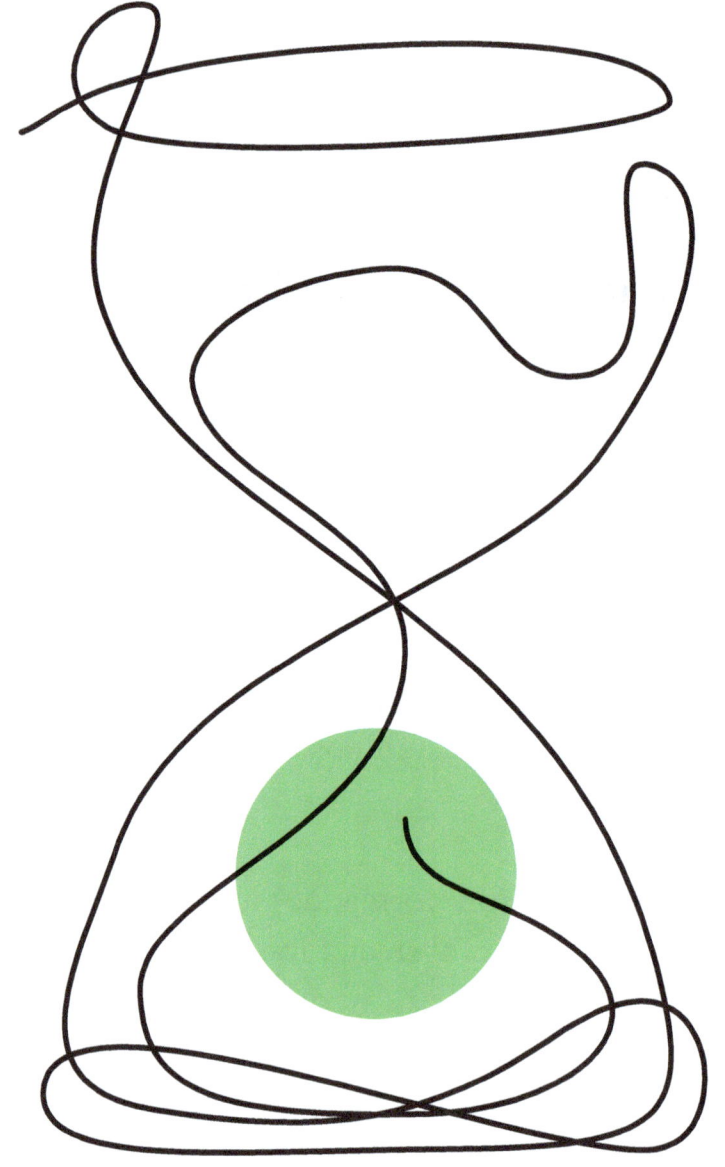

LA PATRONA Y EL TIEMPO

El recurso no renovable más valioso es el tiempo. Si se deja que pase el tiempo pasará el amanecer, el atardecer y el café caliente se enfriará. Todo ello debería llevar a reflexionar en lo que se aprecia y disfruta.

Aquí entra el tema de la priorización, asignar el valor del tiempo que se dedica a cada persona o actividad: a los hijos, a los padres, a la pareja, a la obra de arte que estás creando, al ejercicio físico, a tu mascota, a tus plantas. Todo necesita un tiempo según lo valores.

Mientras me encuentro sanando, ha cobrado mucho más valor el poder caminar, sentir el pasto, el movimiento, el baile y la respiración; porque todo este proceso ha incidido de manera directa en mi autonomía.

Hay tareas en las que no invierto mi tiempo, como acudir a la gasolinera o llevar el auto a mantenimiento, esas son actividades que una Patrona delega a quien puede hacerlo adecuadamente.

Aunque se cuente con personas que apoyan, hay cosas que se disfrutan hacer por sí misma, como conducir sin importar el destino o la hora, ir de compras o buscar detenidamente un regalo para alguien especial.

Cuando se trastocó mi autonomía de movimiento, fue un desafío directo a mi libertad. Para resolver esta afectación asigné un verdadero espacio energético que me permitió encontrar la manera de continuar adelante, pero con una nueva visión: eligiendo lo que sí es posible realizar, y lo que no.

En ese momento descubrí que mi vida siempre sucede "de prisa ", porque las Patronas no esperan, desean que todo ya esté resuelto. Entendí que era un estado donde está presente una herida del alma: la insuficiencia.

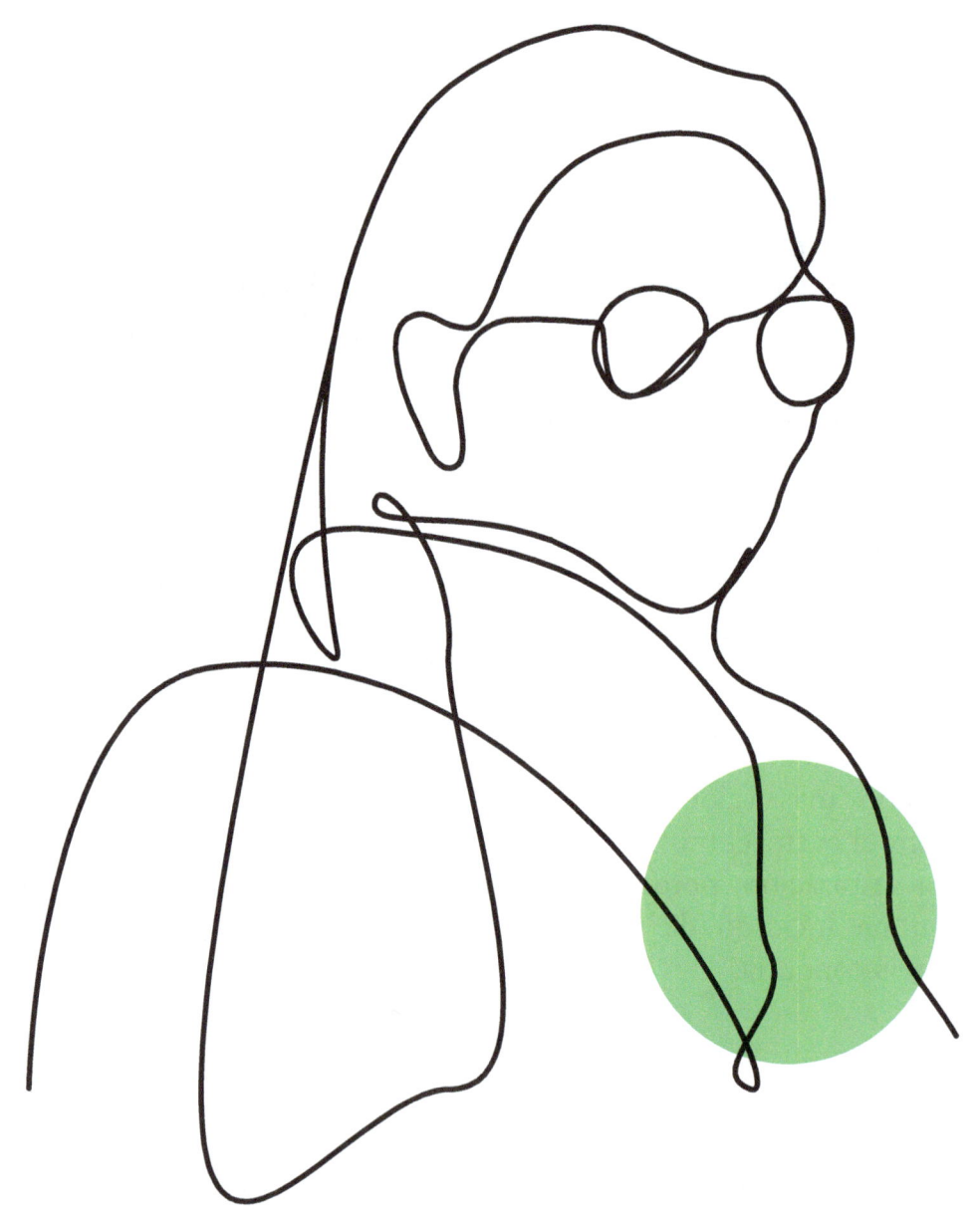

LA PATRONA Y SU PORTE

Para ser Patrona, hay que parecerlo. Ser Patrona exige tener PORTE; es decir, PRESENCIA. La experiencia al mando me ha permitido desarrollar una herramienta sencilla y accesible para ejemplificar mi forma de conducirme:

P: Propósito
O: Orden
R: Relaciones
T: Transformación
E: Entusiasmo

El PORTE es la suma de: PROPÓSITO, ÓRDEN, RELACIÓN, TRANSFORMACIÓN y ENTUSIASMO.

El Propósito es la definición vital que tenemos de nosotros mismos: la misión, visión y filosofía que nos caracteriza individualmente.

El Orden es una metodología de acción, que incluye los aspectos espiritual, físico y mental. El orden abre nuestros canales para percibir mejor el mundo que nos rodea y nos orienta a actuar con armonía.

Las Relaciones Públicas hacen palpable la asertividad con la que nos conducimos para lograr nuestros objetivos, es el impacto positivo que creamos en nuestros semejantes al hacer contacto y a su vez son el material con el que construimos lazos de colaboración, entendimiento y sinergia.

La Transformación comienza por la elección personal, por lo que queremos ver de nosotros que quizá aún no conocemos pero sabemos existe dentro de nosotros; es la huella de un impacto positivo que podemos generar alrededor nuestro. El principio de cualquier transformación es un impulso que nace en tu interior y su consecuencia es tan significativa que motiva a quienes nos rodean a elegir el suyo propio.

El Entusiasmo es la entrega holística de todo tu ser con un sentido positivo y vibrante, es un estado de posesión divina. Es la energía de la convicción que nace para lograr tus objetivos. Cuando las personas están comprometidas en su acción, el éxito es garantía. *Entusiasmo + Conocimiento + Acción =* ***Éxito***

LA PATRONA ACOMPAÑADA

Dedico esta sección a mi querida amiga Maricarmen, ya que en ese crudo momento de adversidad, ella estuvo al pendiente de mí, observando y calculando cada detalle para mi bienestar. Pero no solamente lo hizo en presencia mientras estuve hospitalizada, sino también a la distancia viviendo a miles de kilómetros, se mantuvo permanentemente atenta de mi evolución.

Hemos vivido momentos de gran felicidad y empatía, hemos descubierto que la palabra ACOMPAÑADA significa mucho más que una marca; es también una actitud de servir, de vivir y de querer.

LA PATRONA Y *FESTINA LENTE*

Además de ser el nombre que aparece en la etiqueta de un delicioso vino tinto de uva Malbec que estoy produciendo, estas dos palabras que provienen del latín y significan "apresúrate lentamente" parecen ser una rara mezcla de momentos imposibles, pero son el claro retrato de mi momento.

Estoy viviendo un proceso de rehabilitación física, un período que me exige constancia y perseverancia; ir evolucionando paso a paso sin apurar demasiado a mi pierna, sin desesperarme, haciendo los ejercicios y sintiendo el progreso a través de cumplir metas cortas, en etapas.

Así como los bebés a los seis meses comienzan a gatear y hacen intentos por pararse en su cuna, estoy viviendo también mi renacimiento.

ACERCA DEL AUTOR

Gloria Romo. Mexicana de nacimiento y Calvillense de corazón, es empresaria, oradora y escritora; se define como la Patrona, una mujer de acción, retos y gran visión. Profesionalmente es Contadora Pública y maestra en Dirección de Proyectos Turísticos.

Directora del Hotel La Gloria de Calvillo en el Pueblo Mágico de Calvillo, Aguascalientes, en el corazón de México donde se concentró en desarrollar a las comunidades rurales para transformar la actividad económica regional y destacar el turismo local. Con el objetivo de conservar el valor patrimonial de su familia, impulsa el desarrollo inmobiliario para locales y extranjeros.

Es emprendedora de negocios de integración turística y productora de vinos; actualmente promueve las marcas BABAL y FESTINA LENTE.

Es presidenta de la Asociación Mexicana de Hoteles y Moteles de Aguascalientes; vicepresidenta en COPARMEX y socia activa de Mujeres Empresarias Mexicanas (MEMAC).

Es socia fundadora de la organización de Mujeres Empresarias del Maguey, secretaria de la Organización en el Colectivo 50+1 Aguascalientes y pertenece con mucho orgullo al movimiento *Today´s Inspired Latina*.

Actualmente, desarrolla en sociedad con Jackie Camacho, la construcción del Instituto Amazing Aguascalientes para impulsar la creatividad y talento de los jóvenes de la región.